U0079241

準備上菜啦！

國家圖書館出版品預行編目資料

瘋
味十足！別說我瞎掰 2 ◎超感動編著

--初版. --臺北縣汐止市　雅典文化，民99.08

面；公分. --（叮嚀系列06）

ISBN：978-986-6282-14-0（平裝）

1.人生哲學　2.生活指導　3.漫畫

191.9　　99010852

叮嚀系列 0 6

瘋味十足！別說我瞎掰 2

編　　著：超感動
出 版 者：雅典文化事業有限公司
登 記 證：局版北市業字第五七〇號
發 行 人：黃玉雲
執行編輯：超感動
編 輯 部：221台北縣汐止市大同路三段194號9樓之1
TEL / (02)86473663
FAX / (02)86473660
劃撥帳號：18965580雅典文化事業有限公司
法律顧問：中天國際法事務所
・涂成樞律師　・周金成律師

總 經 銷：永續圖書有限公司
221台北縣汐止市大同路三段194號9樓之1
E-mail：yungjiuh@ms45.hinet.net
網站：www.foreverbooks.com.tw
郵撥：18669219
TEL：(02)86473663
FAX：(02)86473660
出 版 日：2010年08月

Part 1

Life Professional

生活智慧王

生活智慧王
Life Professional

　　生活的美妙之處就在於它豐富多彩，要使生活變得有趣就得充實自己、規劃生活、展望未來，即使在飽受打擊之後，仍滿懷期待下一秒的到來，這就是樂活態度。

做人要對得起良心

Be guided by your conscience.

樂
啦啦啦～
啦啦啦～
下班囉～

閃開!!
?

啊!!
?!

小姐！妳沒事吧！
……
慘了，好像暈過去了。

別緊張！
還好沒人看見。

……
……

先打電話叫救護車...
這裡是XX路口，有人被撞了。
麻煩派輛救護車過來。

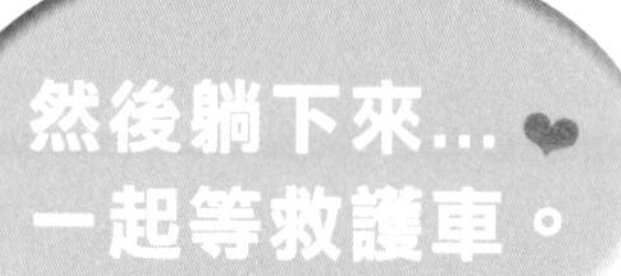
然後躺下來…
一起等救護車。

喂!!
你又沒事!!
躺個屁呀!!

小頓悟

良心是人性根本，金錢雖買不到，卻人人可擁有。

帶著罪惡感活著是痛苦的，就好像心裡永遠藏著一根刺拔不出來一樣，昧著良心做事、說謊，最後譴責你的不是別人，而是自己的良心。

若要人不知，除非己莫為

I know what you did last summer.

一個洗窗工…

二個洗窗工…

三個洸窗工……

死捲毛！上班時間不要
看色情光碟好不好！！

我哪有，別胡說。
那你最好跟我解釋一下窗外
那三個洗窗工是怎麼回事！！

小頓悟

平生莫做虧心事，夜半敲門心不驚。

每個人都得為自己行為負責，隻手無法遮天，凡走過必留下痕跡。

夢想不是掛在嘴邊炫耀的空氣

If I were rich...

假如我有錢...
我要買兩支棒棒糖。

價錢越貴越好！

而且一定要是綜合
水果口味的棒棒糖！

一支自己吃...一支餵螞蟻。

小螞蟻吃糖糖～
臭蟋蟀吃便便...
（妳罵蟋蟀幹嘛？）

生活智慧王
Life Professional

假如我有錢…
我要買兩個馬桶。

一個用來大便，一個小便…

假如我有錢…
我要買兩瓶提神飲料。

一瓶自己喝…一瓶用來澆花。

你呢？
如果有很多錢
你想做什麼？

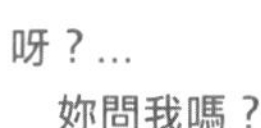

呀？…
妳問我嗎？

瘋味十足！別說我瞎掰2

Don't ever think I am bluffing 2

對呀！說說看！
有錢你想幹嘛？
妳講的只是
發洩行為。

根本無法
滿足我…

要是我，我會請兩位腦科醫生…
一位名醫，一位庸醫。

名醫負責檢
查妳的腦。

那庸醫呢？

庸醫…

負責幫妳開刀…

?!

※庸醫：指醫術不好的的醫生。

小頓悟

只要有夢想，凡事皆有可能。

亞洲首富孫正義有句名言—最初所擁有的只是夢想和毫無根據的自信而已，但是所有的一切都從這裡開始。

做事不能三分鐘熱度

Be enthusiastic.

呀！這個是...
肥胖者救星
宅男宅女的福音
減肥不再是夢想
特價NT.39999
訂購專線：0800-078-078
這就是我夢寐以求的減肥產品呀！
禹小華！
禹小華！
禹小華！
買這個給我!!
妳進來之前可不可以先敲門呀？！

過了幾天...
宅配
放哪？
辛苦了！
搬去我房間吧。

啦啦啦～
啦啦啦～
啦啦啦～
組裝完成!!
馬上來試試!!

1 分鐘...
這個產品太棒了！
不一直踩，電腦就無法用。
(情緒亢奮)
加油！
太適合我了！

2 分鐘...
嗯...好像開始有點累了...
(速度變慢)

3 分鐘...
......
......
呼...

3 分鐘之後...

啊！這個是...
這個才是我夢寐以求的減肥產品啊！
......
......
別停呀！禹小華～繼續踩！

小頓悟

逐步完成每件小事，必定能成就其大事。

大部份人因為惰性而影響自己的決心。我們該如何將三分鐘熱度的時間延長，得先摸索其中樂趣，建立成就感。只要抓住那份樂趣，成就感自然接踵而來。例如：有人喜歡環島，最後成了旅遊作家；有人喜歡美食，最後變成美食評論家。每一個興趣都有可能成為「專業」，愛迪生也是發現了自己的興趣，才會願意花這麼多時間發明了許多對我們有幫助的東西，不是嗎？(￣▽￣)

人一定要有判斷力

Show sound judgment.

醫生，我最近很不正常...
吃什麼拉什麼，吃冬瓜拉冬瓜，
吃西瓜拉西瓜，你能幫幫我嗎？
哦，這好辦...

生活智慧王
Life Professional

直接吃大便就行了。

喂！耍我啊！

小頓悟

擁有善於判斷的頭腦，吃虧的機會就變少。

某生髮廣告有句經典台詞『別再相信沒有根據的說法了。』說得真好！對事情沒有徹底的瞭解，是很容易吃虧的。

做什麼事都要適可而止

The Doctrine of the Mean

天氣真好，帶迪迪
和波波出來遛遛～

嗨～艾咪。

咦？感動也
出來遛狗呀？

生活智慧王
Life Professional

不是，我看天氣好～
帶我家宅宅出來遛遛...

......
還在玩掌上型遊樂器

小頓悟

阿宅們，有多久沒到戶外走走了？快醒醒吧！

人生有很多美好的事等著我們去做，如果只專注於一件事，那未免太可惜了。

話多不如話少，話少不如話巧

Silence is golden.

生活中有很多狀況
很適合保持沉默。

拿我自己來說…

我經歷過很多狀況，
都很適合保持沉默。

狀況1：
搭電梯不小心放了屁，偏偏電梯裡只有你和另一人。

※ 這種狀況我通常稱為「此時無聲勝有聲」。

生活智慧王
Life Professional

狀況 2：
內急跑廁所忘了敲門，與對方四目相望的時候…

※ 遇到這種狀況請先幫對方關上門。

狀況 3：
工作表現不佳、業績差，老闆發飆開罵的時候。

公司業績一覽表

※ 低頭表現出悔意就好，因為這時候誰出聲誰就倒楣！

狀況4：

人擠人的公車上，嗅到其他乘客身上的異味…

OH～My God!

※ 這種狀況我無法處理，我只能盡量逼自己不要呼吸。

狀況5：

在餐廳用餐，窗外排隊等位的客人用很殺的眼神看你。

雙…雙胞胎？

※ 輸人不輸陣！這時候我們就要用更殺的眼神看回去！（誤？）

但，讓我感受最深的則是此狀況…

『請問哪位買單？』

鴉雀無聲…

這句話能讓平常很聒噪的幾個女人馬上安靜下來。

我個人認為這應該就是「飯可以亂吃，話不能亂說。」的由來。

你覺得呢？
屁啦！

小頓悟

話，人人會說，只是不見得人人會說話。

說話要有內容，就像人要有涵養一樣。中國人常說「言多必失」，西方也有句名言「沈默是金」，也許沉默不見得是金，但卻是明哲保身的方法。

當別人釋出善意時我們要心懷感激

Accept it, please.

天呀！
感動溺水了！

救命呀！

我不會游泳
該怎麼辦呢...

沒辦法了，只好這樣了...

快點抓住我的腳！

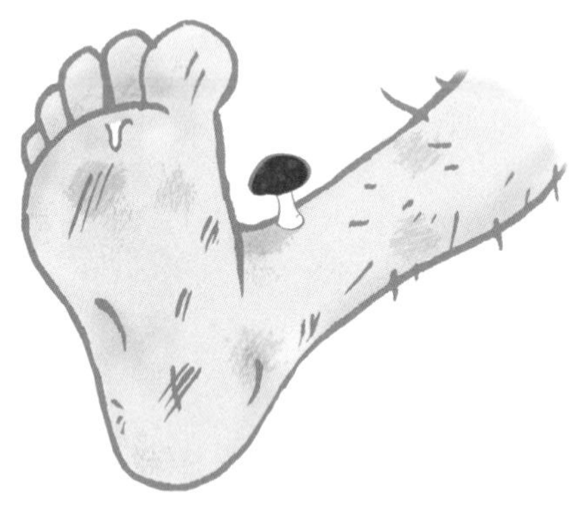

快點呀！妹子！
快抓住我的腳呀！！

唉呀!!

天哪!!那腳太髒了!!
我寧可溺死!!

我的腳太髒嗎...
是啊!!你的腳太髒了!!
這樣呀...

那我把腳洗乾淨總可以了吧...

住手啊啊啊~~!!!
啪!

小頓悟

沒有人喜歡用熱臉去貼別人的冷屁股，包括自己。

某次到傳統市場買菜，到了一個豬肉攤子停下打算買些絞肉。肉攤老闆將絞肉裝好要遞給我時手滑了一下，那袋絞肉底部沾到了些豬血。老闆當下緊張得要命還連忙向我賠不是。我好奇的問：『你幹嘛這麼緊張呢？』老闆回：『有些客人不喜歡袋子沾到血，像這種情況就會生氣。』我笑答：『人有失手，吃燒餅那有不掉芝麻的啊！』當時那位肉攤老闆給了我一個很棒的微笑，我還因此賺到一天好心情。

記得，當別人對你釋出善意時，請別吝於給對方一個微笑。

人生不該輕言放棄

Do not give up.

感動，可以請妳幫個忙嗎？

什麼事啊？

是這樣的，我認識了一個女孩，她住在隔壁醫院。昨天我去看她的時候，她對我說……

我的生命，就像窗外凋零的落葉
。當最後一片葉子掉落的時候，
我也將隨之而去……

天哪...好可憐...
是啊！所以我想請妳幫我在那棵樹上畫片葉子，妳能幫忙嗎？

沒問題！

這點小事只是舉手之勞，我幫！

太好了！那麼下班之後我帶妳過去。

想不到小凱心地這麼善良～
我還以為你只知道**泡妞**呢！
那都是一般人對我的誤解…
嗯！是啊～
我現在對你另眼相看了！

到了…就是前面那棵樹。

嗯？哪棵？

生活智慧王
Life Professional

喂！你說的「那棵樹」...
該不會是這棵仙人掌吧？
……
對呀！

※小常識：仙人掌上的針就是退化的葉子。

小頓悟

有堅定的意志，就等於給自己添了一對翅膀。

莎士比亞：「人們可支配自己的命運，若我們受制於人，那錯不在命運，而是在我們自己。」

要求別人之前，先要求自己

Discipline yourself first.

天呀，外面
超熱的！

呼

吸

喂!!!

你滿身大汗的別坐布沙發！

喂!!!
飲料喝完了
別亂放！
邋遢！
電視聲
……
放
那我坐地上
總可以了吧？

喂!!!
電視不看也不關！
浪費電！
電視不是我開的啦！

……
?!
嚇
起
……
關
……

為什麼不去洗澡？！

家裡沒水給你洗澡嗎？！

喂!!妳自己勒!!!
妳自己犯錯怎麼不罵！
少囉嗦！
老娘最大！
無恥！

小頓悟

我們容易看見別人的過失，卻老看不見自己的錯誤。

坦白面對自己的感受，不是件丟臉的事。別忘了，當你一隻手指指著別人時，另外四隻手指正指著自己。

逃的了和尚，逃不了廟

Face your problem.

這是我們的蛋糕，想請你們幫忙設計包裝盒...
這簡單!!

包裝設計！
阿花，這案子妳來。
是!!

這是我們的產品
，想請你們設計
我們公司網頁...

這簡單!!

網頁設計！
感動，這案子妳來。
是!!

這是我老公和一
個女人牽手的照
片，想請你們幫
我分析一下...

這簡單!!

阿甘、捲毛、小凱、小偉！

生活智慧王
Life Professional

攔住她!!
護
駕
大
隊
陳總太太↓
死鬼！你想死呀！
這裡9樓，有種你跳啊！

小頓悟

敢勇於面對問題的人，沒有承受不起的困難。

「如果肯面對光明，那陰影便永遠在我們身後。」逃避無法解決問題，勇於面對問題，才能夠一直保持樂觀的生活態度。

人塑造環境，環境塑造人

People change the world, and vice versa.

啊！有蟑螂！

閃

伸縮自如的肘頂術！

壓
啊噠！

哼哼...

生活智慧王
Life Professional

阿桑，最近蟑螂變胖了。
妳要多注意點清潔呀…
還敢說！
這些都是你們
養大的！
你覺不覺得…每個女的到我們
公司上班之後都變得兇猛了？
嗯…
真的。

小頓悟

成功之人去找尋環境，若環境不合他，便去改造它。—蕭伯納

無論再怎麼困難的環境，還是有人可以過得很好，這也間接證明了「有怎樣的思想，就有怎樣的生活。」

日久見人心

Only time will tell who a person is.

嚐
艾咪，可以吃了嗎？
嗯...

還不行，再等一下下哦！

嗯！

呵～我好想趕快吃到哦！
花這麼多時間做，一定很好吃。
艾咪又在做
恐怖料理了嗎？
那當然囉～
是呀，看來草莓
她凶多吉少了。

OK！完成了！
哇～終於好了！
給我吃！
給我吃！

草莓快吃呀!!
唔？
......
危險
別吃

快點吃嘛～
哦～好...
那我要吃囉...
嗯，儘管吃～

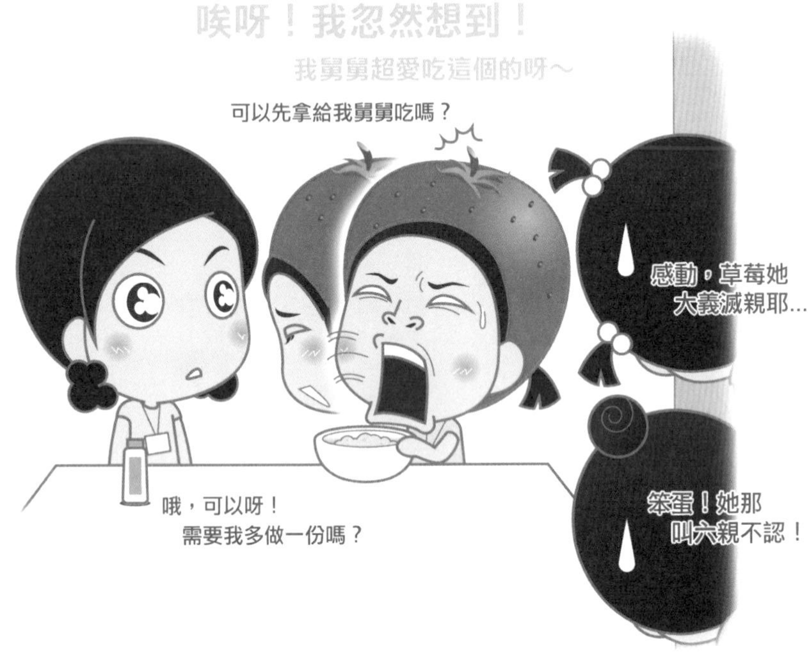
唉呀！我忽然想到！
我舅舅超愛吃這個的呀～
可以先拿給我舅舅吃嗎？
感動，草莓她
大義滅親耶...
哦，可以呀！
需要我多做一份嗎？
笨蛋！她那
叫六親不認！

小頓悟

人不可貌相，海水不可斗量。

人心很難從表面上去觀察，短時間內也無法確定真偽，人們總是說瞭解對方很難、做人難，其實瞭解自己更難呢！

大人的行為是孩子們的榜樣

Be positive role models for your children.

妹，我和妳大嫂要去喝喜酒

，阿齊麻煩妳幫我看一下。

妳別忘了幫我監督他做功課哦！

好啦！

……

肚子好餓，叫

Pizza來吃吧！

好嗎？

隨便。

呼～超飽的啦... 爽!!
嗝

阿齊呀...
幹嘛？

姑姑以前…
就是像你這樣...
嗯？

喜歡打電動又不愛寫作業，
才變成像今天這樣的人哦...
……

哦呦！兒子你今天怎麼啦？
怎麼這麼用功呀？
功課寫完了嗎？
做完了，
在複習。

小頓悟

我們的一言一行都是孩子們的榜樣。

「孟母三遷」不是沒有原因，因為小孩像是塊海綿，我們給他什麼他們就吸收什麼，所以當我們在孩子面前時，得更慎重注意自己的言行才是。

迷糊易誤事

Think different.

我都是這樣～
先搓搓身體，一點
一點的收集體垢...
然後搓成一顆顆的
，放在那邊桌上...

最後被妳當成…
臭藥丸仔吃下去…
啪!
誤食體垢丸

小頓悟

迷糊的個性，很可能讓自己成為生活中的丑角。

我一直以為「迷糊」或「少根筋」的人很可愛，直到我某天看到一則新聞讓我改變了看法。

內容：某工業區一家廢棄物處理廠發生工安事故。某位工人到廠房做機器定期維修時，原本停止運轉的設備突然轉動，把他捲進機器裡。同事發現後，趕緊破壞機器，花了兩個多小時才把他拖出來，但人已無氣息。而出事原因則是因為同事誤觸開關…。

得饒人處且饒人

Father, please forgive them, for they know not what they do.

有話慢慢說呀!!
說你個頭!!
別跑!!

感動妳快讓開！
我要打死他!!
有話好好說嘛！
幹嘛動手呢？

還能說什麼？

小凱把我最寶貴的寫真集給弄髒了。

而且這本在台灣可是買不到的...嗚......

妳讓開!!

我要宰了他!!

跳

啊嗟!!
血

喔哦…呃…
……

生活智慧王
Life Professional

有話...好好說。

千萬別動手哦...
感動，
打死他！
我會的。

小頓悟

寬容是瀟灑的表現，絕非懦弱。

每個人都有犯錯的時候，而懂得寬容別人的人，也代表其修養就越高。老計較對方的錯並不會有任何收穫，不如選擇放下，才能讓自己釋懷。

要善於改變自己

Be adaptable to change.

從今天開始我要徹底改變自己
，所以我要嘗試些新事物。

嘗試什麼？

什麼都好。

走吧～吃午飯去。

……

生活智慧王
Life Professional

歡迎光臨，我們最近
有新推出的墨西哥堡哦！
是哦！真的嗎？
那我要點一個牛肉堡。
自顧自的說話
嘗試個屁…
我才不信呢。

小頓悟

要這世界怎麼改變，就得先將自己變成那個樣子。

很多人都有一樣的毛病，總想著去改變別人，卻很少先改變自己。其實只要多去嘗試些新事物，就能改變自己目前的生活現況哦！╭(￣▽￣)╭

旁觀者清

Do not forget who you are.

大師，我總存不了錢
，這是為什麼？

依我的專業來看...

妳的原因出在...

太會花錢，所以留不住財。

唉呀！大師。
您果然是鐵口直斷呀！
好說。
鐵口直斷
太厲害了。
※誰都看得出來吧。

小頓悟

旁觀者清，當局者迷，人人皆懂，未必清醒。

旁觀者能以客觀理智的方式看待事情，而當事者往往是看不清真相的那位，總無法瞭解事情癥結點在哪。

不要在意他人眼光

Be yourself.

K
娃娃專賣店
卡哇伊！
哇～

我要買這個！
草莓娃娃～
可愛嗎？
我就知道妳
會挑這個。

我要買這個！
中國娃娃～
呵呵！
不錯哦！
有眼光。

我也來挑一個。

就這隻吧！

太～～～可愛了！

老闆結帳！

生活智慧王
Life Professional

喂～妳們倆是什麼表情呀！
我買我的娃娃礙到妳們了嗎？！
…
不好意思說。
唉～那娃娃可惜了。
就是說呀...
長那樣子還敢買
那麼可愛的娃娃。

小頓悟

快樂做自己，做自己該做的，這就是你。

每個人都有自己喜歡的事物和獨特的個性。被稱為新一代的台灣之光─林育群（小胖），從小就一直想當個歌星，外型不亮眼的他，也曾被別人嘲笑。但他不氣餒，努力充實自己，接著從網路上爆紅，還受邀參加美國知名脫口秀節目。用天籟美聲征服了廣大的聽眾，登上洛杉磯道奇球場獻唱，還沒正式發片就受到全球媒體高度關注，實在令人佩服。

慾望要適可而止

Vanity, definitely my favourite sin.

生日快樂!!

妳們...
這...這個...

這個蛋糕不是
艾咪做的吧...

唉呀！既然都花錢買蛋糕了
，那我就不客氣囉～
...
不過，下次可不可以不要
在我生日的時候打我呢...

感動，快點許願吹蠟燭吧！
嗯！

我希望...今年可以升職加薪、買一棟屬於自己的小窩、老爹身體健康...

半小時後...

中樂透，而且要獨得、首富收我當女兒還把遺產留給我、身材變成林志玲，看起來永遠２５歲、買下這間公司，然後把陳總趕去掃女廁、三餐用燕窩漱口、洗澡用膠原蛋白、買一架直升機、一架噴射機、一艘航空母艦......

我們要不要提醒她
蠟燭快燒完了...
Z
Z
z

小頓悟

得不到而感到痛苦，是因過份貪婪所致。

貪婪是最真實的貧窮，滿足是最真實的財富。有慾望是好事，這代表自己有目標和理想，但無盡的貪婪和慾望容易讓人迷失本性。而慾望與金錢連結在一起，就永遠不會有滿足的時候。

吸菸有害健康

Stop smoking.

老公，別在家裡抽菸。
要抽菸出去抽。
……

那好吧，我出去抽就是了。
……

呼～偶爾在外面抽菸也滿不錯的嘛～

你故意的是吧。
我哪敢呀...
往內吹

※行政院衛生署提醒，吸菸有害健康。

小頓悟

保持健康環境，別讓你的家人吸二手菸。

吸菸對我們的健康是「百害無一益」的，不管是本人還是吸二手菸者，都會造成身體莫大的傷害。所以，為了家人和自己的健康，癮君子們可得多多檢討了。

藉口聽起來總是特別刺耳

Don't cheat yourself.

如果一個窮小子裝有錢人追妳，
然後被妳發現了，妳會怎麼樣？

我會離開他！
不老實的男人
我沒辦法接受。

如果是有錢人裝窮追妳呢？

這麼謙虛的男人不多了，
我會選擇繼續和他交往。

……

小頓悟

自訂適應性規則，就是替自己找藉口。

或許有些人認為，找個藉口也沒什麼大不了的嘛～不過是替自己找個台階下罷了。錯！如果老是抱著這樣的態度，任誰都不會欣賞。

別因貪圖方便而造成別人的負擔

Don't take advantage of one's good nature.

這輛車真不錯呀...
是呀！而且現在購買還
送妳兩萬公里保固哦！
買到賺到！
還有座椅皮套、導航設備。
送這麼多呀...
試乘車

可惜價錢太貴了點，我還是不買了。
抱歉呀！
這樣呀...

結果...

咦？女兒，妳今天又
搭朋友的車回來呀？
怎麼妳每個朋友都開新車呀？
…
什麼！

小頓悟

將心比心，別把自己的方便，建築在別人的痛苦之上。

最常看到的例子：因為懶惰和貪圖方便，路人喜歡將垃圾亂丟，總認為清道夫會處理這些垃圾，所以亂丟也無妨。錯！清道夫維持道路的清潔工作可不僅僅是為了環境美觀而已，仔細想想，如果沒有清道夫，那麼路上就會充滿垃圾，那車子還有路可走嗎？如果路上都是垃圾，那麼駕駛上路會安全嗎？所以，當我們做任何事之前應該先仔細想想，別再因貪圖一時的方便而造成別人的負擔了！

人生不僅僅是為了自己

Kindness is contagious--you can help change the world.

老媽，我這個月犯了錯被扣了不少
薪水，可能沒辦法給妳家用了。
……

不要緊，我這還夠用。
……

不過妳下個月要**補**給我哦！

※以家管一職來說，我老媽的確做得相當稱職。

小頓悟

一個人的價值，應該看他貢獻了什麼，而不是他取得了什麼。

人活著並不是只為了自己，這世界上有很多人都是為了別人而活，如果每個人都只為自己而活，那活著也太無趣了。

Part 2

War Zone

職場如戰場

職場如戰場
War Zone

職場生態百百種，有人絞盡腦汁討好老闆，有人費盡心思搞好人際關係、有人盡心盡力只為保住飯碗。辦公室勾心鬥角、高層的爭權奪利，該怎麼做才能讓自己在職場中屹立不倒呢？

公私不分是大忌

Avoid conflict of interest in the workplace.

公司旅遊…目的地：主題遊樂園

BUS

艾咪妳看，貓熊人偶！
我們來跟他拍照！
歡迎拍照
請勿拍打餵
好呀！
我幫你們拍！
我有帶拍立得～

職場如戰場
War Zone

小偉拍照技術真棒，每一張都拍得好可愛！

艾咪，能不能也幫我拍幾張照片？

我也想和人偶拍照。

沒問題！

呵呵！

哈哈！

瘋味十足！別說我瞎掰2

Don't ever think I am bluffing 2

親愛的熊熊！

帥哥哥來跟你拍照囉～

哈哈！你哪算帥哥呀～

來吧！熊熊～
和哥哥來個愛的抱抱！

哦～唉呀呀呀～
哦～愛的抱抱…

飛撲

驚！

唉呀呀呀～哦哦～愛的…

滾開!!
啊達~~!!
啪!
你不是女生!
拍照
天呀…
一招秒殺…
小張!你怎麼
又打客人啦?!
你當自己是功夫貓熊呀!!

小頓悟

公私不分的下場，很可能讓你丟了飯碗。

別忘了當你在公司處理私事的時候，背後總還有一雙眼睛在盯著你…。

人在屋簷下，不得不低頭

Discretion is the better part of valour.

人事課徐姐突然帶了一個人來，說是企劃部的新進人員。

這位是新來的
同事小草莓。
人交給妳帶
了，感動。
咦？
我們企劃課不缺人
怎麼又徵新人？
而且態度很兇…
少囉嗦！
叫妳帶妳就帶！

職場如戰場
War Zone

小草莓，妳會使
用哪些軟體？
什麼叫軟體？

啥？連軟體是啥都不知道？！

這種人怎麼能進企劃部？開什麼玩笑？！

…
我們要讓她一直坐在那嗎？
小凱一直在玩她的辮子…
徐姐到底在幹嘛？！
這新人我不收！
天王老子來講也一樣！

瘋味十足！別說我瞎掰2

Don't ever think I am bluffing 2

草莓，坐在
這幹嘛呢？

舅舅，
我在發呆。

誰叫妳坐
這的？

唔？！

她叫陳總舅舅…

感動？
怎麼回事？

這表示…？

靈魂
出竅

這表示…我也應該叫他舅舅。

神遊中
請勿打擾
您找我呀～
舅舅…
舅舅…
她怎麼了？
她找死。

小頓悟

「天王老子來都不給面子。」這句話其實只適合給天王老子說。

以前待過一間公司，老闆總在下班時間要求員工留下來開會，而且不計算加班費。當然並不是下班就能馬上開會，而是讓我們全部的人坐在會議室等他把所有文件看完才能開始開會。所以員工們經常被拖到三更半夜才能回家，有些人更慘，是搭公車上班的，半夜沒公車可搭，只好自己出錢搭計程車回家。這樣的情況一週大約 2 — 3 次。當時我聽到許多人都說出想要離職之類的話，但是…一個月過去…二個月過去…半年過去了，講這些話的人卻依然還待在這間公司。

保持你的工作熱情

Be enthusiastic.

早期開會熱情指數：★★★★★

我認為我的提案比較適合。
我認為這樣比較妥當！
請聽我的提案！

中期開會熱情指數：★★☆☆☆

塗鴉
玩手機
看漫畫

後期開會熱情指數：☆☆☆☆☆

徐姐，妳說...
這幾個人我該
怎麼處理呢？
不知道。
Z
Z
z
Z
Z
z
Z
Z
z

此情況通常也稱為死期指數。

小頓悟

對工作少了熱情，那充其量也只能算是一部機器。

以前在某公司擔任美工企劃人員，剛進公司的時候總經理對我說：「你有想法就去做，不要考慮錢的問題，我們是很有規模的公司。」因為經理的這句話讓我對公司充滿了抱負與理想，但是當我將提案送到經理手上時，經理卻對我說：「你知道這個提案要花公司多少錢嗎？」事後，經理還是經常對我說：「你有想法就去做，不要考慮錢的問題，我們是很有規模的公司。」但是每次當提案送到他手上時，他依然用那句：「你知道這個提案要花公司多少錢嗎？」來回絕我...

千萬不要得罪小人物

Do not misjudge someone's influence.

陳總突然提出一個想法

各位同仁，相信你們平常的工作壓力都很大，所以我想辦個活動讓大家發洩一下，就是這個…

不是你死就是我活之
枕頭大戰

遊戲方式很簡單，拿枕頭打人就可以了。

所以明天請各位同仁帶自己的枕頭來參加，我也會參加哦…

職場如戰場
War Zone

隔天，很意外的…所有人都帶了枕頭。

感動早～
阿妹早安！

而且心情愉快，每個人都笑容滿面。

瘋味十足！別說我瞎掰2

Don't ever think I am bluffing 2

枕頭款式也很讓人吃驚。

實用冰枕
草莓造型枕

而且有些枕頭還內藏玄機…

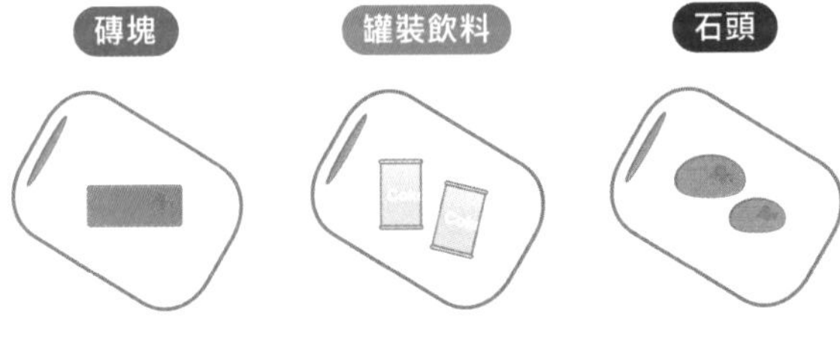

磚塊
罐裝飲料

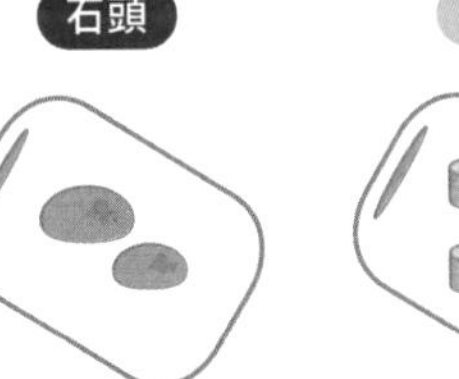

石頭

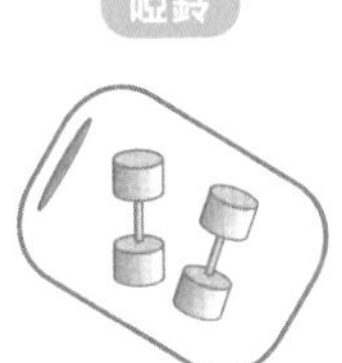

啞鈴

但最讓人吃驚的則是…

各位同仁，都準備好了嗎？！

都好了是吧！
那我數到 3 就開始囉！

1…2…

職場如戰場
War Zone

每個人攻擊的對象…

不關我的事，感動打的最兇。
才怪！我只打了一下。
妳打的才兇勒！
我又沒問，
緊張啥？
啊！我的冰枕
被我打破了！
…

小頓悟

平日不起眼的小人物可能幫不上你，但對付你卻是易如反掌。

A 先生與 B 先生是某家公司的職員，公司某部門經理退休，上層打算從 A 先生與 B 先生兩人之間挑選出一位來擔任經理的職缺。A 先生與 B 先生能力、資歷、學歷不分伯仲，但 A 先生平時很少與人打交道，而 B 先生平常和同事之間相處融洽，此時公司裡的小人物們得知這個消息紛紛向 B 先生加油打氣，公司上層看在眼裡，最後決定由 B 先生擔任新經理職缺，A 先生則留在原來的職位上。

不要忽視小人物，因為小人物的力量聚集在一起，足以推翻任何一位大人物。

突發狀況是無法避免的

The outcome of behaviour is not always entirely predictable.

從前從前有一個老伯，從
市場買了一缸酒。

由於這缸酒很大，所以老伯
將這缸酒放在家門口。

酒

但是隔天...老伯發現這
缸酒莫名其妙的少了三分之一...

酒

老伯很生氣，同時也很困擾。

這缸酒放在這太危險了，
我得想個好辦法解決才行...

該怎麼辦呢...

酒

於是他想到了一個好辦法...

留字條

嘿嘿...我真聰明！
這樣就不怕我的酒
被偷喝啦！

是小狗
偷酒者

酒

但是辦法並沒有奏效，
隔天這缸酒依然又少了三分之一…

到底是誰…
酒

而自己寫的字條也被
揉成一團丟在一旁…

這下子老伯生氣了…

於是他決定把剩下
的酒喝光！

哼！我把酒喝光
看你喝什麼…
酒

然後到了隔天…驚人的事情發生了！

酒缸滿了…

只不過裡面裝的不是酒。

……
尿騷味
酒

小頓悟

人算不如天算，想掌控所有的事物，除非你是神仙。

有時候接案對方會給工單，上面通常都會註明回稿日期。有些案子如果遲交會扣些稿費。而我是那種不見棺材不掉淚的個性，所以總是最後一天才肯回稿。記得有次回稿日我正要上傳檔案給客戶，這時候網路突然無法連線，所以檔案也無法上傳。這下可好了，我老以為只要檔案有如期完成就沒問題了，卻從來都沒考慮過其它的突發狀況。我立刻打電話到電信公司詢問，電信業者回答我明天才能處理我的狀況。最後我只好趕在對方下班之前，自己跑一趟，而且還花了一筆計程車費。

話永遠要讓老闆先說

The boss has the final decision.

今天聚餐，陳總問你們想吃什麼？

義大利麵！

吃港式飲茶！

我今天想吃
韓國菜。

我比較想吃
日本料理。

捲毛，你呢？
你想吃什麼？

隨便啦！

講了又沒用，
又不一定吃的到。

職場如戰場
War Zone

牛排...還指名要吃紅屋的？
陳總抱歉！
他們實在是
太囂張了...
←寫紅屋牛
排的兇手
我待會去罵
罵他們。

話說回來，種類還真多呀...
平常開會都沒意見...
這時候每個人倒是都有意見。
請問陳總！
今天打算帶
我們吃什麼？
嗯...讓我想想。

既然每個人的意見都不同...
那就看你們想吃什麼就吃什麼吧！

真的嗎？陳總！

當然是真的囉！傻瓜...

難道我會騙你們嗎？

什麼都有美食街

來，一人一百！
想吃什麼自己買。
舅舅，我好餓哦！
…
排隊來拿。
草莓餓餓啦？
等一下哦～
舅舅等會兒帶妳去
吃紅屋牛排好嗎？

小頓悟

「意見」你可以說，但做主的永遠是老闆。

待過幾間公司之後，我終於明白為什麼做主的人只有一個，但參與者卻需要很多位？說穿了，這是一種過濾制度，參與者不斷的提出意見，最後由最大權力者來做主。如果結果是好的，大家皆大歡喜；但如果結果是壞的，參與者也許不須承擔這個結果，但做主的人可就不是這麼一回事了。所以當你有好點子，又希望得到認可，最好的辦法就是：說服做主的那個人來幫你做決定，而不是你替他來做決定。

善用自己的權利

Use your power well.

你們知道”國王遊戲”嗎？

我要這張！
沒抽到...
啪!!

遊戲方式：抽到老K牌的是國王，可命令兩個小兵做任何事。

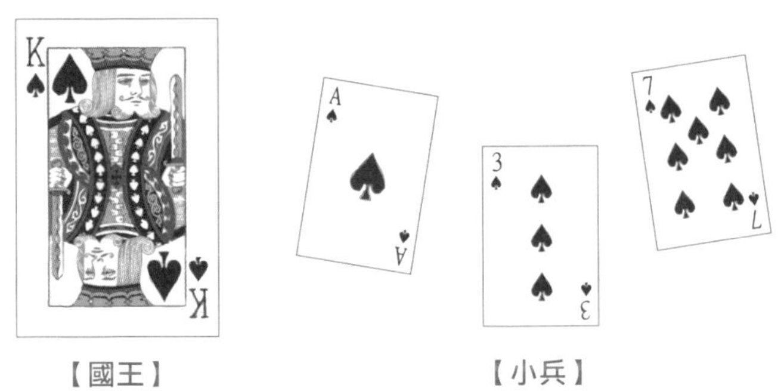

【國王】　　【小兵】

職場如戰場
War Zone

有點水準的國王...

那麼...
4號和5號！
啊！
←抽到5號

處罰通常都不會要求太難。

每人30下
伏地挺身！
呼！
小意思啦！

瘋味十足！別說我瞎掰2

Don't ever think I am bluffing 2

沒水準的國王…

我！我！我！
我是國王！
那我選 1 號跟 3 號…

通常要求的處罰都很下流。

兩人互捅屁眼 3 下…
ｐｓ.不能洗手。
無恥！去死！
下流！
哇哈哈！讚啦！
←抽到 3 號

還有另外一種國王叫做…

職場如戰場
War Zone

狡猾的國王...

7號跟8號...明天留下來加班。
ps.不可以申請加班費。
裁判
兼旁觀者
搞屁呀！
怎麼可以每次都講
一樣的處罰！
又沒說不可以～
這樣很賤耶！！
【剛中獎的兩人】

小頓悟

聰明人總是能有效的運用自己的權力，讓自己獲得最大的利益。

如果一個人擁有權力卻不懂得去運用，那他可能得花更多心思才能完成一份工作。

到什麼廟，拜什麼神

I do not want to go anyway.

人生其實是一場悲劇。

還沒出生就得光著屁屁在子宮裡待上１０個月...

等漸漸長大之後，還得上學承受課業壓力。

人之初，性本善...

等畢業以後，就開始找工作，且處處碰壁...

我們不缺人了，
妳請回吧！
......

找不到工作只好在家當米蟲，讓家人看不起...

米蟲，沒出息。
......

卡債利息繳不清，債主們全都上門潑油漆…

欠錢不還
砍你全家
陳浩南留
……

然後迫不得已，只好隨便找個飯票嫁出去…

……

職場如戰場
War Zone

最後又製造新的悲劇...

永不停止的循環下去...

不要跟我說那麼多廢話!!
我也是受害者!!
囍
陳總女兒的喜帖

小頓悟

馬屁拍的好，升官沒煩惱；馬屁拍不好，要飯要到老。

「人脈」是終生受用的財富，只要能像個彈簧一樣伸縮自如，就能在職場左右逢源、如魚得水。

得了面子，失了裡子

You don't always have to gain face.

發財囉！發財囉！
這期統一發票我中了1萬元！

哈哈！好爽哦～

感動，那我之前欠妳七千，可不可以再向妳借三千，湊一萬呢？
好呀！那有什麼問題！反正我有錢嘛～

隔天…

咦？徐姐，捲毛
今天休假嗎？
人怎麼不在
位置上？
休什麼假，
他離職了。

小頓悟

綜藝天王—豬哥亮：『囂張沒落魄的久。』

古人說：『富貴不歸故鄉，如衣錦夜行。』其實是一種心理層面的缺憾需要彌補，說穿了，只是一種自我滿足的心態，並沒有任何幫助。而且，在現代社會中，太過高調的人，很容易成為他人攻擊的箭靶或是詐騙集團下手的對象。

廣告的目的是銷售

The main aim of advertising is to sell products.

哈哈！這廣告標語好白癡哦！

我看看。

今日最殺
館長嚴選
超猛人氣
熱賣強檔
絕對必敗
天天噴、天天大
胸部天天
在長大
立即搶購
減肥界的超級
名媛女星們都
30%
ON SALE
哈哈！
真的耶！
而且還押韻～
…

買
呵呵！
這就是女人...
......

小頓悟

不管是黑貓還是白貓，能抓到老鼠的就是好貓。

廣告的目的是要喚起消費者的消費欲望，依照商品訴求來吸引消費族群，與其讓廣告得獎，還不如打動消費者的心。

惡性競爭只會落得兩敗俱傷

Do you want to play a zero-sum game?

投

嘿嘿！看見沒？
隨便投都進！

……
揉

投
看見沒？
閉著眼睛
都投的進！
……

喂！你想跟
我比是吧！

放屁！是誰想
跟誰比的呀！

我可以在這邊投！

你行嗎？

什麼...

我可以在這！

你行嗎？

什麼...

職場如戰場
War Zone

然後...

我在這裡也可以！
你能嗎!!
啊!!有色狼!!
我可以!!
咦？這兩個傢伙
跑來女廁做啥...？
不知道...

小頓悟

職場上不需要單打獨鬥的英雄，而是能與人團隊合作的人才。

「與自己競爭，與別人合作。」聰明人不會搞到兩敗俱傷，而是由互補合作中創造雙贏局面。

適時的釋放壓力

Allow yourself to lose control sometimes.

事情辦完了，時間還早！
我們去吃碗豆花吧～
呀～徐姐，這樣好嗎？
現在還是上班時間呢～

夏天吃豆花
最棒了...
是呀，清涼又消暑。

豆花吃完了，時間還早！
我們去看場電影吧～
呀～徐姐，這樣好嗎？
現在還是上班時間呢～

葉問
我早就想來看
這部片了。
我也是呢！

而且這種時間來，整間
電影院也只有我們兩個...
感覺好奢侈，
不過我喜歡。

徐姐，今天我好開心哦！
這是我第一次覺得上班
時間可以過得這麼快...

但我看時間還早…
不如咱們再去逛逛吧～
好嗎？
早個屁！
趕快回去了啦！
那妳下次還要
帶著我哦…

小頓悟

面對繁忙的工作壓力，偶爾脫序一下也無妨。

面對一成不變的工作壓力，偶爾也該對自己好一點，即使苦中作樂也能感到很快樂。

提升自己的能力籌碼

Improve your ability.

下個月要到國外出差，我
想報名英文速成基礎班。

要一塊去嗎？

平常上班累個半死，下班還去學英文？
我才不要呢！
是嗎？！

沉且我們又不是經常出國。

這時候就要用**秘密武器**。

秘密武器？

無敵翻譯機

把想講的話或是想翻譯的話
輸入進去，它就會自動幫你
翻譯哦！

而且還有真人發音呢！

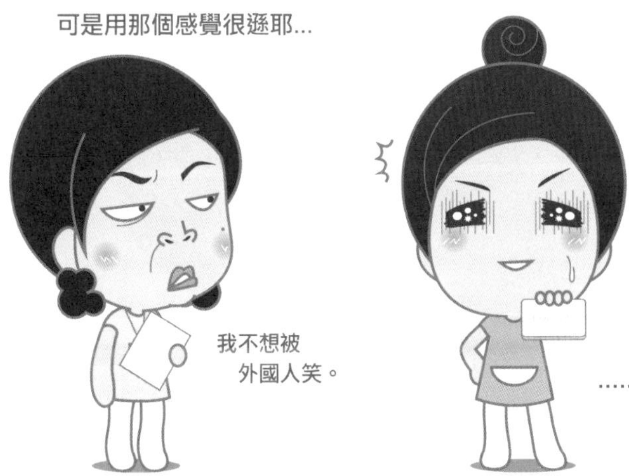
可是用那個感覺很遜耶...
我不想被
外國人笑。
......

那好吧！
只好用那個了。

駭客專用電腦

可以用來入侵航空公司的電腦，讓我們的班機飛不了。

職場如戰場
War Zone

可是不去就不能加薪哦...

和我去學英文吧！

...

小頓悟

不斷的自我提升，才有足夠的本錢與別人競爭。

「物競天擇，適者生存。」提升自我，才能讓自己對身邊事物更容易適應，為將來做好準備，職場中更是如此。

謹慎挑選你的朋友

Choose your friends wisely.

捲毛，你看！
前面有個正妹。
嗯？

別看了，我們走吧。

開玩笑！
正妹在眼前，哪有
輕易放過的道理。
等下我趁她不注意，
把她的狗騙過來。

然後假裝車禍的樣子，抱著她的狗躺在這。

你來當肇事者，我扮演救狗英雄！

哦。

狗狗來～

捲毛快！

按喇叭吸引她的注意！

叭!!

天呀！
我的狗！

呀...小姐，妳的狗沒...

...事？！

職場如戰場
War Zone

可惡的偷狗賊！

……

還好是被我看到，才把
狗搶救回來。

想喝杯咖啡壓壓驚嗎？

我知道這附近有家
咖啡店不錯哦！

小頓悟

志道者少友，逐利者多儔。

酒肉朋友好找，患難之交難逢。在職場中交友更要慎選，盡可能選擇在危險時能夠待在我們身邊的益友。言行不一的朋友，我們最好離他們遠一點。

冷靜！什麼都能搞定

Stay cool.

好想買哦...
到底該不該買呢？
家庭劇院

當然不該買囉！
碰
啊！小天使。

職場如戰場

War Zone

賺錢不容易，妳應該省一點才對。
再說，妳也沒錢買呀！

說的也是。

等一下!!

碰

用分期付款買呀！只要一點
錢就能把東西帶回家了。

對耶！沒錯。

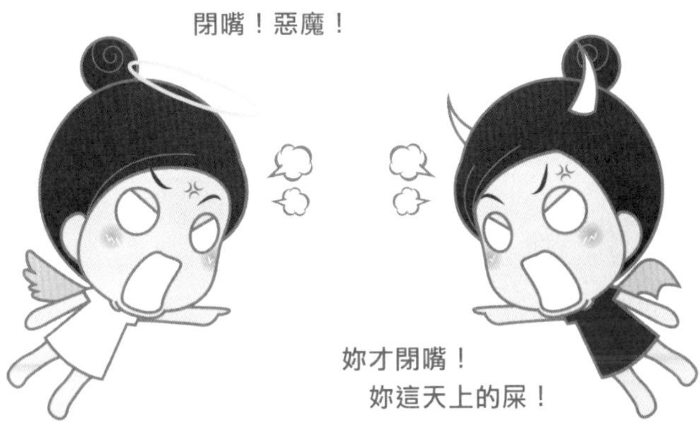
閉嘴！惡魔！
妳才閉嘴！
妳這天上的屎！

…
妳這不要臉的傢伙！
肥腰大巫婆！
我肥腰那妳勒！
大肥臀！

最後...

先生，想買天使或惡魔嗎？
感動妳這畜牲！
連自己的良心都賣！
簡直沒良心！
妳白癡呀！她連良心
都賣了，哪還有良心！

小頓悟

冷靜，能幫助你做出正確的決定。

股神—巴菲特最令人佩服的一點就是「冷靜」。巴菲特的名言之一「財報看不懂的公司，就不要投資。」這也提醒了我們，用冷靜的心情，定好對策才是最重要的。

時間是不等人的

Time waits for no one.

第二本新書給妳一年時間，ｏｋ吧？

一年嗎？

一年３６５天...２２４頁...
一天畫一頁......
ＯＫ！
很好。

半年過去...

感動呀...新書進度多少啦？

有100頁了嗎？
目前0頁。
呀？
妳說幾頁？
0頁。

別那種表情嘛～
半年等於182.5天，
一天畫兩頁還有剩耶～
別擔心啦！

又三個月過去...

感動呀...新書進度多少啦？

這次總有進度了吧？
目前0頁。
呀？
妳說幾頁？
0頁。

別那種表情嘛～
三個月等於90天，
一天畫三頁還有剩耶～
別擔心啦！

最後一個月...

感動呀...新書進度多少啦？

有２００頁了嗎？
目前0頁。
呀？
妳說幾頁？
0頁。

哈哈哈～

一個月有３０天耶！
一天畫八頁的話......

好像畫不完ㄟ...哈哈哈！
怎麼辦呢？
......

我知道該怎麼辦。
哦～怎麼辦？

砍掉妳的遊戲角色就行了。

省得妳一直打電動。
主任！不要呀～
對不起啦！！
我畫！我畫！
我畫就是了！！

※結果我還是如期完成了，我好佩服我自己……

小頓悟

一寸光陰一寸金，寸金難買寸光陰。

光陰稍縱即逝，未來的成就是由分秒中造就出來的，而未來也是由現在累積而成，而我們唯一該做的，就是把握當下。

每個人的命不同

Life is unfair.

陳總真討厭！老是動手動腳的。
啊！妳也被動手動腳呀？

妳也是嗎？
嗯！

唉！女人真命苦。
就是說呀！
手印
鞋印

※一樣是動手動腳，可是其中的意義卻差很大...。

小頓悟

這世界，本來就沒有所謂的公平。

有的人含著金湯匙出生，生活無憂無慮；有的人辛苦了一輩子，連一間套房也買不起。心態往往能決定一個人的命運，想改變命運唯有改變心態。有什麼樣的心態，就有什麼樣的生活。

有效率的方法不一定是最好的

The fastest way may not be the best way.

什麼！我老婆快生了？！
你站住！
停
呃？

我要你用最快的方法，
立刻把我送到醫院！
辦法是有，可是...
沒什麼可不可是的！
就用那方法！
立刻！

職場如戰場
War Zone

結果...

喔咿～

喔咿～

現在為您插播一則報導！

某公司總經理尋死手段激烈，
居然用電腦主機砸自己的頭！

現在我們來訪問他的員工...
FTV
FTV
哎呀...你們不要亂報導呀！
我們總經理很愛面子的...
兇手
不過話說回來了～
我早就覺得他不對勁了...

小頓悟

欲速則不達，見小利則大事不成。

如果越想趕快完成一件事，就越容易搞砸一件事。雖然說有效率固然是好，但做任何事都應該循序漸進，太急躁反而會適得其反。「強摘的瓜不甜」這道理人人都懂，但真正能做到的，卻又是少之又少。

沒有播種，那來的收穫

Daydream

今天是第一天上班，是個美好的開始。

早點起床吧！

刷牙、洗臉～

啦啦啦～

挑選自己喜歡的衣服穿。

好猶豫哦！
穿哪件好呢。

化個完美又得體的妝。

來上點睫毛膏吧！
看起來比較有精神～

悠閒的享受美味的早餐。

老媽，謝謝。
別客氣。

BUS
STATION
早晨的空氣～

提早出門等公車，不用人擠人。

職場如戰場
War Zone

真是太完美了...
早安！
早！
Z
Z
Z
...

小頓悟

不管做什麼夢都可以，唯獨白日夢不能做。

白日夢只是妄想，不能成為事實，想要實現夢想，應該要身體力行，腳踏實地把自己份內的工作做好，如果老沉迷於不切實際的夢，是不會有任何成長的。

懶惰的人總是有理由

Get out of bed you lazy thing!

好冷哦...真不想去上班。

唉
叮叮叮！
叮叮叮！

交給命運吧...

如果丟**十次**都是人頭那我就起床上班。

...

算了…

還是別冒這個險。

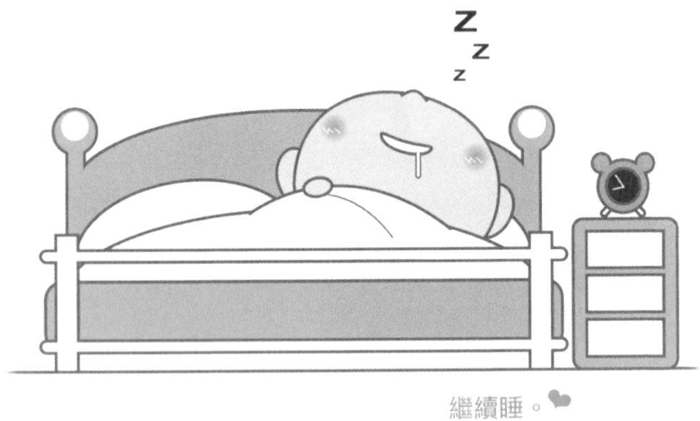
Z
Z
Z
繼續睡。

小頓悟

就是因為自己條件不如人，所以才要比別人更加努力。

懶惰的人總是會有不切實際的想法，認為只要機會來到，就能讓自己鹹魚大翻身，卻沒想過「機會」其實是要靠自己去創造的。

為了目標而努力

Strive to achieve your goals.

無效的鬧鐘…

不想起床。
叮叮叮！
叮叮叮！

無效的咖啡…

Z
Z
z

有效的新台幣…

發薪水囉！
$
$
瞬間清醒!!

小頓悟

人逢順境不逞強，身處逆境不示弱。

生活沒有目標，就像航海沒有指南針，有目標，人生才有向前邁進的動力。

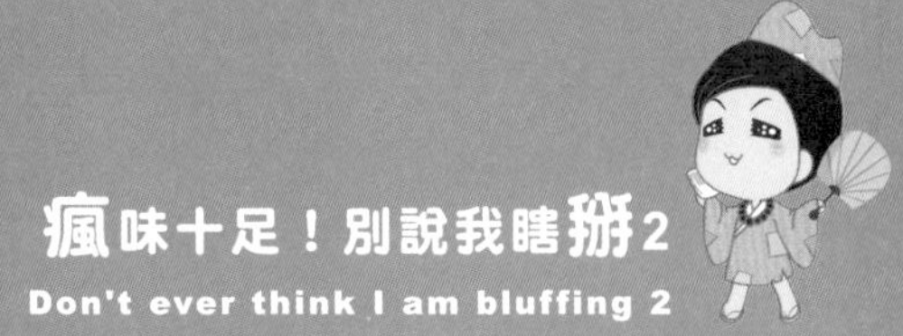

Part 3

Love Clinic

感情診療室

感情診療室
Love Clinic

有人說愛情會讓人迷惘，真是如此嗎？這世上沒有兩個愛情故事是一模一樣的。在感情的世界裡，我們每個人都是學徒，能夠伴隨著自己所愛的人白頭偕老，則是人生最大的幸福。

多點包容，少點爭執

Be tolerant of dissent.

老婆～醒醒！
我們家鬧鬼了。
嗯？
←酒

幹嘛呢你...
有鬼啦！
妳還睡！
你胡說什麼呀...

感情診療室
Love Clinic

我剛回家想上廁所，
一開門...燈就自動亮了。
啊？！
好恐怖喔...

等等！你剛說...
廁所燈自動亮？
對呀！
燈自己會亮耶...

那麼你有沒有
感覺到有陣冷風？
對呀！對呀！
妳怎麼知道？

老婆別去呀！
有鬼耶～
快回來呀！
沒事的，老公。
你快睡吧！

媽...老爸又喝醉啦？

算啦...至少他還記得把門關上。
這是老爸第幾次
尿在冰箱裡啦？
滿地的尿

小頓悟

激烈的爭執沒有任何益處，少點埋怨則能讓彼此過得更快樂。

溝通與包容絕對是所有情侶都應該要學習的一課。情侶間經常會為了一點芝麻小事而起爭執，就算是最合諧的情侶之間也有可能會發生不必要的爭吵。

務實的愛情模式不是件壞事

It does no harm to be realistic.

三天兩夜的浪漫之旅～

寶貝，謝謝你
帶我來旅遊！
哪裡...偶爾也該
對妳好一點嘛～

親愛的～
這就是我們要住
的飯店嗎？
hotel

是呀！我上網查過，這間是五星級的飯店哦！

感情診療室
Love Clinic

歡迎光臨～我們有
三種房間供您選擇。
請問兩位想選擇
哪一種房間呢？
有什麼差別？
對呀！有什麼差別？

最貴

【A房】

附有５２吋豪華液晶電視、豪華大浴缸、豪華加大型名床、豪華電動按摩椅、免費供應三餐自助餐、可免費觀看多台成人頻道。
定價：３０００元

平價

【B房】

附有３７吋液晶電視、精緻大浴缸、精緻按摩椅、免費供應自助早餐、可免費觀看一台成人頻道，其它台均需要付費才可觀看。
定價：２０００元

便宜

【C房】

２８吋普通電視、普通浴缸、普通床、沒有電動按摩椅、沒有供應任何餐點、所有頻道均需付費才可觀看。（包括成人頻道）
定價：１０００元

3000！拿去！
哇～寶貝我好感動哦！
想不到你對我這麼好～
驚訝
啪！

啾咪～你有這份心意
我就很開心了。
我知道寶貝很有品
味～不過我們不要
太浪費，住２００
０元的房間就好了
...你覺得呢？
。。。
磨蹭
磨蹭

3000元...住三天！

聽好，是住三天哦！
好...好的。
還有更便宜的房間嗎？
沒有了...

小頓悟

再多浪漫的玫瑰，都比不上一顆真心來的踏實。

或許有些人不認同務實的愛情模式，但我認為時間可以證明一切，幾年後便能見真章。

網路世界陷阱多

The Internet is full of traps.

人生有兩大悲劇...

一個是得不到想要的東西。
一個是得到不想要的東西。

為什麼突然
這麼說？

我在交友網站認識了一個名叫
賣火柴的小女孩她對我說...

一次...3000...

感情診療室
Love Clinic

這女孩好可憐哦...
賣身養家...

不捧場一下就太沒人性了...

所以我花了
那3000...

所以呢？

......

不...聽我說完...
重點在後面...

我覺得你花了那3000
才是真的沒人性。

她給了我前所未有的感覺，這是我房裡那些寫真集所不能給我的……

我認為她是個好女孩，我當下便決定要一輩子好好對待她。

於是，我拿起一根火柴棒...

打算好好的看看...
我眼前這個女孩...

最後，我終於明白...她為什麼叫
......賣火柴的小女孩。
啊哈哈哈!!!

小頓悟

網路世界魅力雖大，卻也暗藏許多危機。

不可否認網路魅力確實很大，網路交友並非全然是壞事，但一定要特別謹慎小心！因為負面的影響及後果是我們所不能輕忽的。

因為愛，所以關心

I care about you because of love.

天啊!!
怎麼啦？
我和女友約在東區，快遲到了！

你們都交往那麼久了，你還怕她生氣呀？
不，你誤會了...

感情診療室
Love Clinic

我是怕她做傻事...

一萬二嗎？那我刷卡...
且慢刷~!!
← 卡奴+月光族
沒問題。

※一開始約在東區就是個錯誤！！

小頓悟

因為在乎，才會願意一直守在身邊。

當女人像個老媽唸你時，千萬不要嫌棄她；當男人像個蒼蠅嘮叨時，千萬不要忽略他。記住，當另一半管太兇時，溝通得用對方法才不會失去他（她）。

戀愛，要懂得保護自己

Treasure yourself.

我朋友說，一個女人如果愛一個男人，會願意為對方生個孩子。

那妳知不知道，一個男人愛一個女人，他會願意為對方做什麼嗎？

做什麼？

感情診療室
Love Clinic

戴個套子。

……

小頓悟

一個願意珍惜你的人，才是真正愛你的人。

不懂得愛情的人，往往自傷傷人而不自知。因為我們無法預知彼此的愛情是否能終成眷屬，而唯一能做的就是珍惜自己、珍惜對方。

男女觀點大不同

Men are from Mars, Women are from Venus

請問：怎樣才算是一個真正的女人？

【女性觀點】

我覺得...肯每天花半個鐘頭坐在化妝台前的女人，才能算是真正的女人。

《小靜》

擁有一手好廚藝，不會愁眉苦臉，總是笑口常開，偶爾耍點小心機...

《艾咪》

感情診療室

Love Clinic

每個月來一次大姨媽的人。

《阿花》

像我媽媽那樣溫柔的女人。

《小草莓》

有子宮的、會生小孩的、沒有喉結的才是真正的女人，變性人不算。

《徐姐》

那麼你覺得我算不算？

《感動》

同樣問題，我們也來問問男性朋友們的看法。

【男性觀點】

講話溫柔，不會在耳邊嘮叨的生物。

《捲毛》

感情診療室

Love Clinic

要長得像蘿莉，還要會玩電動的人。

《阿宅》

溫柔、體貼、善良、專情、孝順公婆......（挑老婆呀？）

《小偉》

有星野亞希的身材，志玲姐姐的氣質，如果有點存款當然是更好了......。

《阿甘》

瘋味十足！別說我瞎掰2

Don't ever think I am bluffing 2

對丈夫要唯命是從，不可頂嘴
也不能毆打丈夫。

《陳總》

像我老婆跟女兒那樣的人...

《感動爹》

只要不像感動那樣的女人都算
是真正的女人。

《禹小華》

感情診療室
Love Clinic

最後是…【畜性的觀點】

怎樣才能成為一個真正的女人？

只要妳年滿１８歲以上２５歲以下的女性朋友，想知道答案的，晚上到哥哥房間來，哥哥會慢慢的解釋給妳聽……

《專家-小凱》

成為女人諮詢專線：０９１１　５４０　５４０
妳９１１，我處理，我處理

專家個屁啦!!
根本就是色狼嘛!!

小頓悟

無論是男是女，都該學會用理解的眼光去欣賞對方。

男女會因看事物的角度而有不同立場。有幾句話很有意思：『漂亮的女人不下廚；下廚的女人不溫柔。』、『男人沒有女人，耳根清淨；女人沒有男人，居家乾淨。』幽默又風趣的表達出現代男女的內心想法，卻也帶點諷刺意味。

信任，是一種支持

Trust the one you love.

女人為了美貌，所以願意把錢花在化妝品或保養品上...
而男人則是為了興趣，願意把錢花在他們所熱衷的事物上...

如果要男人和女人為了同一件事情花錢...

那肯定是碰巧遇上...

抓猴
徵信社
我來找朋友...
呃...我也是...
Welcome

小頓悟

幸福，就是兩個人把愛變成一種信任。

當懷疑對方時，可曾想過對方的想法和你是一樣的呢？如果感情降溫了，就好好檢視一下彼此的想法吧！

真摯的愛情經得起考驗

The course of true love never did run smooth.

哼！出去就出去～

你不高興就出去呀！
我才不在乎呢！

……

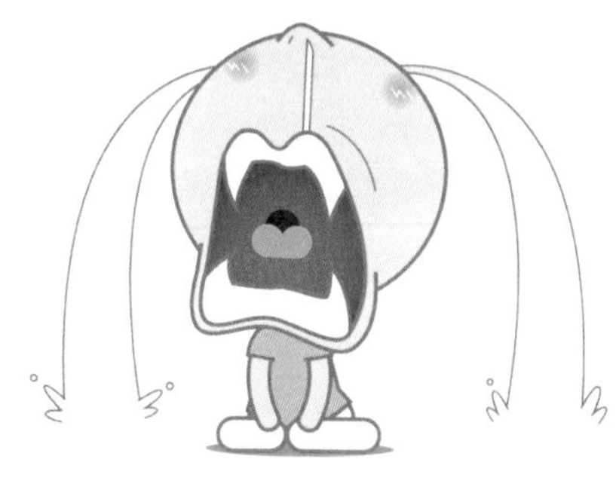
哇～我好命苦呀！
男人真是沒良心！

感情診療室
Love Clinic

對不起...
是我不好。
...
別生氣了，好嗎？
快起來吧！

那你揹我。
......寶貝。
不要開玩笑了。
這可不好玩～

呀？！

我認真的，
誰跟你玩。

沉默
……

感情診療室
Love Clinic

最後...

颱風天，我們
非得出門嗎！
可是今天超市特價呀！
......
我的腳碰到水了啦！
別亂動呀！

小頓悟

贏了面子，卻輸了感情，何苦呢。

小吵怡情，大吵傷感情。這世上沒有不吵架的情侶，甚至還有些情侶是越吵感情越融洽哦！

別把男人當提款機

A man? or a cash machine?

親愛的，我買了件新睡衣。
店員說，這睡衣可以幫助睡眠。
多少錢？

不貴，打了折才四千五。
…

感情診療室
Love Clinic

到了半夜...

唉...失眠了。
Z
Z
Z

小頓悟

我們該愛的是一個人，而不是一台提款機。

把男人當成掙錢的機器，會這麼想的人通常都不懂得照顧自己，不夠獨立。老依靠別人才能過日子，可曾想過對方願意如此的付出，不是為了做功德，而是因為他「愛」妳，而身為女性的我們，是否也該為男人做點什麼呢？

有些事，將就點也無妨

Adapt to your environment.

我不要穿這種質料的
衣服，穿了皮膚會癢。
咪咪。

哪邊會癢？

哦，這好辦！

感情診療室
Love Clinic

你咪咪怎麼啦？
少囉嗦！
…

小頓悟

既然改變不了，那就得過且過吧。

如果無法改變對方的想法或習慣，只要是不太嚴重的，不如就睜一隻眼，閉一隻眼、得過且過，如同那件衣服般。

情人眼裡出西施

Beauty is in the eye of the beholder.

阿宅！下班了，咱們去喝一杯吧！

不了，我女友在家等我呢！

女友？！
你有女友...

感情診療室
Love Clinic

回家後...

老婆...我回來了。
有沒有想我呀？
充氣娃娃
我就是欣賞妳總是這麼文靜...
...

小頓悟

喜歡一個人是沒有任何理由的。

有部電影很有意思，一位醜男巧遇一位催眠專家，專家認為他太注重外表，決定為他施以催眠術來改變他膚淺的眼光。從此醜男眼中的世界，心地善良的都轉化為絕世美女，巧言令色的都淪為醜女，不過也因為如此，他最後找到了真愛。

有些人太注重外在，反而拘限了自己的交友範圍。等真的遇到了好對象，也許你會發現，和你當初所想像的理想情人大不相同也説不定哦！

眼光不要太高

Be reasonable.

這是我最近在仲介
交友認識的女朋友。

很美對吧！

仲介交友？

是呀！

幾天後...

需要什麼服務嗎？
我想找個對象。
好的。

請先告訴我您的擇友條件
，我好幫您過慮一下。
我擇友條件很簡單！

最好是黃種人、熱愛自己的工作、斯文有禮、笑容可掬、幽默風趣、活潑外向、敦親睦鄰、喜歡養寵物就更好了 %*&@#*% ......

太好了，我這剛好有一位
完全符合您的要求。

真的嗎？

感情診療室
Love Clinic

妳好，我叫海綿哥。

來～快點打聲招呼吧！
…

小頓悟

眼光太高過於挑剔，小心挑到最後還是孤單一人。

女人只要一過了３０歲，沒男友或沒老公的幾乎都會被冠上「剩女」的稱號，有些人會說：『我是寧缺勿濫呀！』但仔細想想，連個機會都不給人家，又怎麼能交到好對象呢？

真正的幸福無人能擋

When you believe

我看到了。
看到什麼了？

妳這一生會有 8 個男人。
可是我現在這個男友是第 8 個耶！

感情診療室
Love Clinic

那麼這個妳千萬要好好珍惜。
不然就沒機會了。
…

小頓悟

多觀察幸福的伴侶，可以從中得到經營愛情的智慧。

別人的意見，僅供參考，自己內心真正的想法才是最重要的，相信自己的判斷、自己的決定，才能做出幸福的選擇。

要人家對你好，你得先對人家好

Don't always expect rewards.

追我之前說要帶我吃大餐，
現在卻老是帶我吃路邊攤。

妳想吃大餐呀？
是呀！
可以嗎？
可以。

感情診療室
Love Clinic

然後...

其實我早就想帶妳來試試看了...
我一直認為妳有實力參加大胃王的比賽。
...
靠妳了！
加油哦！

小頓悟

在處心積慮的”計較”得失之前，你得先學會對別人付出 。

老想著自己是無法成就愛情的，因為愛情必須由兩個人來完成，而不是老去計較對方能給與你什麼，要求太多，小心連愛情都跟著被嚇跑。

嫌棄的話，沒有人愛聽

People want to be admired.

你要是能再帥一點就好了。

...

你要是能再賺多一點錢就好了。

停

感情診療室
Love Clinic

妳要是能閉嘴就好了！

…

小頓悟

兩個人在一起，得知道什麼該説，什麼不該説 。

有時講些難聽的話，後悔了，恨不得把話收回來，但此時對方已經受到了傷害，想後悔也來不及。嫌棄的話沒有人喜歡聽，尤其是由自己喜歡的人口中説出來的，聽起來更是刺耳。

無事獻殷勤，非奸即盜

Save it.

明天是聖誕節，送你禮物。

樂
老夫老妻了，何必
還花錢買禮物呢～

是一套衣服，快穿上試試。

好～

感情診療室
Love Clinic

結果...

說吧，妳到底想要什麼。

樂

小頓悟

世上不會有無緣無故的好事，殷勤的背後往往是另有所圖。

如果不是節日或紀念日，對方送你一大束玫瑰或是禮物時那可要當心了。因為無事獻殷勤，通常是別有用心，可別讓對方賣了，還傻呼呼的幫人數錢。

-後記-

首先，感謝購買此書的你，這本書一共花了我一整年的時間才完成（１０個月打電動，２個月的爆肝趕工），我含辛茹苦、臥薪嘗膽、忍辱負重、忍氣吞聲、慘不忍睹、拾金不昧……一切的一切，都是為了想把更多的創作分享給大家，所以你們千萬不要懷疑我的用心，如果我不用心的話，這本書可能得到明年暑假才會問世（挺胸）。

按慣例，我要感謝一些人。

老爸，您每天端著一碗熱稀飯等我起床，腳不好的您擔心我的胃比擔心自己的腳還多，真慶幸自己是您的女兒，謝謝你，爸爸。

老媽，您年紀越來越大了，身體健康要緊，麻將少贏一點沒關係。真要打也可以，不過贏錢要記得給我吃紅哦！（伸手）

禹小華，能容忍我這倔脾氣的，這世上除了你，我想我大概也找不到第二個了，算你倒楣，我愛你。

惡魔主任，你一年前放在電腦桌面上的「超感動新書」資料夾終於可以刪除了，真是辛苦您了，謝謝。（磕頭）

還有默默支持我的讀者們，沒有你們就沒有超感動，因為有你們的支持，我才能如此放心創作，真的，非常謝謝你們。

謝謝大家

Blog：http://www.wretch.cc/blog/aaaa4626
Plurk：http://www.plurk.com/touche

接案合作信箱：aaaa0525@hotmail.com

剪下後請寄回「22103台北縣汐止市大同路3段194號9樓之1雅典文化收」

雅典文化 讀者回函卡

謝謝您購買這本書。
為加強對讀者的服務，請您詳細填寫本卡，寄回雅典文化；並請務必留下您的E-mail帳號，我們會主動將最近"好康"的促銷活動告訴您，保證值回票價。

書　　名：瘋味十足！別說我瞎掰 2
購買書店：＿＿＿市／縣＿＿＿書店
姓　　名：＿＿＿　生　　日：＿＿年＿＿月＿＿日
身分證字號：＿＿＿
電　　話：(私)＿＿＿(公)＿＿＿(手機)＿＿＿
地　　址：□□□－□□
　　　　：＿＿＿
E-mail：＿＿＿
年　　齡：□20歲以下　□21歲～30歲　□31歲～40歲　□41歲～50歲　□51歲以上
性　　別：□男　□女　婚姻：□單身　□已婚
職　　業：□學生　□大眾傳播　□自由業　□資訊業　□金融業　□銷售業　□服務業　□教職　□軍警　□製造業　□公職　□其他＿＿＿
教育程度：□高中以下(含高中)　□大專　□研究所以上
職位別：□負責人　□高階主管　□中級主管　□一般職員　□專業人員
職務別：□管理　□行銷　□創意　□人事、行政　□財務　□法務　□生產　□工程　□其他＿＿＿
您從何得知本書消息？
□逛書店　□報紙廣告　□親友介紹
□出版書訊　□廣告信函　□廣播節目
□電視節目　□銷售人員推薦
□其他＿＿＿
您通常以何種方式購書？
□逛書店　□劃撥郵購　□電話訂購　□傳真　□信用卡
□團體訂購　□網路書店　□其他
看完本書後，您喜歡本書的理由？
□內容符合期待　□文筆流暢　□具實用性　□插圖生動
□版面、字體安排適當　□內容充實
□其他＿＿＿
看完本書後，您不喜歡本書的理由？
□內容不符合期待　□文筆欠佳　□內容平平
□版面、圖片、字體不適合閱讀　□觀念保守
□其他
您的建議：＿＿＿

請用膠帶黏貼

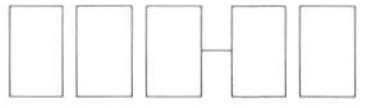

廣　告　回　信
基隆郵局登記證
基隆廣字第056號

2 2 1-0 3

台北縣汐止市大同路三段１９４號９樓之１

雅典文化事業有限公司

編輯部　收

請沿此虛線對折免貼郵票，以膠帶黏貼後寄回，謝謝！

郵差先生，您辛苦了！